A. Maclaine Pont

# Het kantoor
## in de
## handelswetgeving

AF799840

Elibron Classics
www.elibron.com

Elibron Classics series.



ISBN 0-543-70524-2 (paperback)
ISBN 0-543-70523-4 (hardcover)

This Elibron Classics Replica Edition is an unabridged facsimile of the edition published in 1892 by Somerwil, Leiden.

# HET KANTOOR

IN DE

# HANDELSWETGEVING.

PROEFSCHRIFT

DOOR

A. MACLAINE PONT J^R.

LEIDEN,
P. SOMERWIL.
1892.

# STELLINGEN.

I.

Jure constituendo ware opname in het handelsregister van de plaats, waar het kantoor van den koopman gevestigd is, aan te bevelen.

II.

De cessionaris eener na het faillissement van den debiteur gecedeerde vordering mag in dit faillissement als crediteur opnemen.

III.

Art. 716 W. v. K. is limitatief.

IV.

Een cognossement draagt den eigendom der daarin vermelde goederen over.

V.

Leden van den Raad van Indie mogen belast worden met zendingen buiten Nederlandsch Indie.

VI.

Uitlevering van Nederlanders is niet door de Grondwet verboden.

VII.

Het ware gewenscht de wijze van geldbelegging, zooals die bij de wet aan het bestuur der Rijkspostspaarbank is voorgeschreven, binnen minder enge grenzen te beperken.

VIII.

Afkondiging des huwelijks ter plaatse van het werkelijk verblijf van hen, die eene afhankelijke woonplaats hebben, is aanbevelingswaardig.

IX.

Wenschelijk ware het den burgerlijken rechter de bevoegdheid te geven beide ouders uit hun ouderlijk gezag te ontzetten, indien zij zich aan verregaande mishandeling of exploitatie van het kind schuldig maken.

X.

Een muurvlakte, welke kan gebruikt worden voor het plaatsen van annonces, is eene voor verhuring vatbare zaak.

XI.

Het is wenschelijk de kosten van het strafproces steeds te brengen ten laste van den Staat.

XI.

Ten onrechte stelt art. 156 W. van Sr. getuigen en geneeskundigen, die een tweegevecht bijwonen, niet strafbaar.

## XII.

Art. 79 W. v. B. Rv. is niet toepasselijk, waar de man gedagvaard louter ter assistentie of vertegenwoordiging zijner vrouw, niet verschijnt, doch de vrouw behoorlijk in rechten optreedt.

# HET KANTOOR IN DE HANDELSWETGEVING.

# HET KANTOOR
# IN DE HANDELSWETGEVING.

ACADEMISCH PROEFSCHRIFT

TER VERKRIJGING VAN DEN GRAAD VAN

## Doctor in de Rechtswetenschap

**AAN DE UNIVERSITEIT VAN AMSTERDAM,**

OP GEZAG VAN DEN RECTOR MAGNIFICUS

Dr. B. J. STOKVIS,

*Hoogleeraar in de Faculteit der Geneeskunde,*

in het openbaar te verdedigen

**op Zaterdag 14 Mei 1892, des namiddags ten 3 ure,**

in de AULA van de UNIVERSITEIT,

DOOR


ARCHIBALD MACLAINE PONT,

geboren te Alkmaar.



LEIDEN. — P. SOMERWIL.
1892.

AAN MIJNE OUDERS.

Wanneer men de bestaande wetgeving vergelijkt met de verschillende ontwerpen van wet in de jaren 1886, 1887 en 1890 met toestemming der Regeering gepubliceerd door de Staatscommissie, ingesteld bij Zijner Majesteits besluit van 22 November 1879 N°. 26, dan valt ons in het oog, dat waar tegenwoordig voornamelijk de woonplaats genoemd wordt als de plaats, waar onderscheiden rechtshandelingen verricht moeten worden, in de ontwerpen ook de plaats waar het kantoor van den koopman gevestigd is, voor deze handelingen aangewezen wordt. Vergelijking van het oude en nieuwe, den invloed dezer uitbreiding na te gaan zij het doel van dit proefschrift.

Ter bereiking van ons doel zullen wij een voor een de verschillende ontwerpen nagaan, de belangrijkste bepalingen, waar sprake is van woonplaats en kantoor, van de overige schiften en hen toetsen aan de overeenkomstige artikelen van onze tegenwoordige wet. Behandelen wij op de door ons voorgestelde wijze allereerst het ontwerp van een wetsvoorstel betreffende de firma, vervolgens dat van een wetsvoorstel betreffende de vennootschap onder eene firma, de commanditaire vennootschap, de naamlooze vennootschap, de onderlinge waarborgmaatschappij en de coöperatieve vereeniging, het ontwerp van een wetsvoorstel betreffende de vrachtvervoerders en expediteurs, laat ons daarna een oogenblik vertoeven bij het ontwerp van wet op het handelspapier om ten slotte de ons benoodigde bepalingen van het ontwerp eener wet op het Faillissement en de Surséance van Betaling te beschouwen in verband met het nu geldende recht.

Allereerst dus de Firma.

Alvorens echter het boven omschreven plan te ontwikkelen, zal het wellicht nuttig kunnen zijn, hier een enkel woord te wijden aan eene voor onze wetgeving nog nieuwe instelling, welke echter in Duitschland (Allg. D. Hgsb. artt. 12—14) in Zwitserland (Obligationenrecht artt. 859—864) en in Spanje reeds ingevoerd is.

Wij doelen op het Handelsregister [1]), eene instelling, welke openbaarmaking beoogt van alles, wat den handelsstand, dat is de personen der kooplieden betreft, in een algemeen, plaatselijk te houden register te concentreeren en den inhoud van al die plaatselijke registers in een algemeen centraalregister regelmatig bekend te maken.

Het zal toch voorkomen, dat wij enkele malen deze instelling zullen noemen, daar de bovenvermelde Staatscommissie in hare ontwerpen van de onderstelling is uitgegaan, dat het ontwerp omtrent het Handelsregister tot wet verheven zal worden, opdat deze instelling kan worden dienstbaar gemaakt aan datgene, wat met betrekking tot de verschillende soor-

---

[1]) Vgl. Het ontwerp van een wetsvoorstel betreffende het Handelsregister, benevens het prfschr. v. Mr. N. A. Calisch over dit onderwerp.

ten van vennootschappen aan derden bekend dient te zijn.

Het Handelsregister nu is een uitvloeisel van eene strooming, die tegenwoordig meer dan vroeger zich doet gelden en openbaarmaking voorstaat van die feiten en overeenkomsten, die, rechtstreeks slechts bepaalde personen betreffende, tevens echter invloed oefenen op de rechten van derden. Wel is waar kent ons Burgerlijk Wetboek zoowel als ons Wetboek van Koophandel zekere feiten en overeenkomsten, waarvan de publicatie dwingend is voorgeschreven, doch de Ontwerpers eener nieuwe wetgeving, doordrongen van het beginsel, dat eene goede, soliede onderneming openbaarheid niet behoefde te schuwen en daarentegen het groote publiek slechts gebaat kon worden door de verplichte bekendmakingen van wrakke handelsondernemingen, achtten publiciteit op grooter schaal meer dan gewenscht en aarzelden niet, zooals boven reeds vermeld werd, het ontwerp betreffende het Handelsregister als een der hoeksteenen te beschouwen, waarop de andere ontwerpen zouden rusten.

Artikel 1 van het gemelde ontwerp leert ons wat onder het Handelsregister te verstaan is: »Onder den naam van het »Handelsregister" wordt ter griffie van het kantongerecht een register gehouden, bestemd voor de inschrijving van de rechtsbetrekkingen en feiten, waarvan de wet die inschrijving beveelt of toelaat."

Al. 2 en 3 van hetzelfde artikel bepalen verder: »Indien in eene gemeente meer dan éen kantongerecht is, wordt het handelsregister voor het geheele ressort dier kantongerechten slechts ter griffie van éen daarvan gehouden, hetwelk bij algemeene maatregel van bestuur wordt aangewezen.

Op het handelsregister bestaat een alphabetische tafel."

Geeft het aangehaalde artikel te kennen, wat men onder het handelsregister te verstaan heeft en waar het gehouden wordt, de verdere bepalingen van het ontwerp betreffen den ambtenaar door wien en de vorm, waarin het register zal gehouden worden (artt. 2—8), de openbaarheid, daaraan te geven (artt. 9—12), de bewijskracht (artt. 13—17), terwijl het laatste artikel eene bepaling omtrent de te betalen kosten bevat.

Wij zouden nu van dit ontwerp kunnen afscheid nemen, ware het niet wenschelijk, met een enkel woord de openbaarheid te bespreken, ten einde later met eene eenvoudige verwijzing te kunnen volstaan, waar het 't verschil in publiciteit betreft, aan de onderscheidene akten van vennootschap te geven tusschen de tegenwoordige wetgeving en de aanstaande. De griffier van het kantongerecht, aansprakelijk voor het richtig houden zoowel van het handelsregister als van de alphabetische tafel, brengt elke inschrijving en voorloopige inschrijving volgens art. 8 ontwerp terstond ter kennisse van het Departement van Justitie.

Dit Departement publiceert in alleen hiervoor bestemde, doorloopend genummerde Bijvoegsels der Nederlandsche Staatscourant, die afzonderlijk verkrijgbaar gesteld en elken eersten en derden Woensdag van iedere maand uitgegeven zullen worden, de achtereenvolgens bij elk kantongerecht gedane inschrijvingen en voorloopige inschrijvingen, welke laatste te pas komen bij weigering van inschrijving door den griffier, terwijl telken jare vóór 15 Februari op de aankondigingen van het vorige jaar eene alphabetische tafel verkrijgbaar zal worden gesteld. Het handelsregister en de alphetische tafel, benevens een volledig exemplaar van bovenvermelde Bijvoegsels der Nederlandsche Staatscourant en alphabetische tafels liggen aan elke griffie kosteloos voor elk en een iegelijk ter inzage.

Na dit uitstapje op het gebied van het handelsregister keeren wij ons tot de firma.

Ons wetboek van Koophandel bevat behalve eene enkele bepaling omtrent de firma van vennootschappen niets omtrent het gebruik der firma. Het handeldrijven door één persoon, buiten vennootschap en toch onder een firma kent het wetboek slechts in geval van art. 30, waar de firma eener ontbonden vennootschap, hetzij uit kracht der overeenkomst, hetzij indien de gewezen vennoot, wiens naam in de firma voorkwam, daarin uitdrukkelijk toestemt of bij overlijden, deszelfs erfgenamen zich niet daartegen verzetten, door eenen (of meer) personen wordt aangehouden [1]). Deze bepaling erkent en wettigt tevens het gebruik van firma's door één persoon.

Betreft zij in de eerste plaats de firma eener vennootschap, ze is dus ook van belang voor de firma in het algemeen.

De persoon of personen, die de firma eener vennootschap aanhouden, moeten van hunne vennootschap een akte openbaar maken en wel door inschrijving ter griffie van de arrondissementsrechtbank in de plaats of plaatsen, waar de vennootschap gevestigd is of bij ontstentenis daarvan ter griffie van den kantonrechter. De vennooten intusschen kunnen volstaan met de inschrijving van een uittreksel der akte, mits dat in authentieke vorm vervat of door alle vennooten onderteekend zij (vgl. art. 26 W. v. K.).

Art. 6 van het Ontwerp nu verplicht ieder alvorens handel te drijven, aangifte van zijn firma te doen ter inschrijving in het handelsregister, zoowel bij het handelsregister, waaronder zijn hoofdkantoor als bij

---

[1]) Vgl. Allg. D. Hgsb. artt. 22 en 24.

dat binnen welks kring een bijkantoor gevestigd is [1]). De vraag doet zich voor onder welk stelsel — dat der tegenwoordige wet of dat van het nieuwe ontwerp — wordt grooter publiciteit verkregen en dan schijnt ons de redactie van het ontwerp zeer zeker verkieslijker boven dat der wet. Het is mij op het oogenblik onbekend of de vraag, wat plaatsen van vestiging zijn zich in de praktijk heeft voorgedaan, doch in elk geval schijnt mij de door de Staatscommissie voorgestelde bepaling elke moeielijkheid in dat opzicht te vermijden. En dat de Staatscommissie in hare Memorie van Toelichting op het ontwerp op de Vennootschappen ook onder plaatsen van vestiging slechts hoofd- en geen bijkantoren begreep, blijkt m. i. ten duidelijkste uit hare aanteekening op art. 3: „Art. 3 wijkt in zooverre af van art. 23 W. v. K. dat de inschrijving niet alleen in het handelsregister van het hoofdkantoor, maar ook in dat van elk bijkantoor zal moeten geschieden. Zij, die met zoodanig bijkantoor handelen, moeten niet verplicht worden

---

[1]) Vgl. hiermede Allg D. Hgsb. artt. 20 en 21.

op de misschien ver verwijderde plaats, waar het hoofdkantoor gevestigd is, een onderzoek naar den inhoud van het handelsregister te doen." [1])

Ook de Staatscommissie had dus hier uitbreiding van publicatie op het oog.

Slechts eene opmerking moge over ditzelfde artikel van het ontwerp hier aangestipt worden en wel eene over al. 2. De alleen handelende koopman is tot het erlangen dier inschrijving verplicht op te geven zijn naam, voornaam en woonplaats en de firma die hij voornemens is te voeren, zoo luidt deze aliena en de Memorie van Toelichting op dit Ontwerp zegt: „Het beginsel, dat de firma de naam is, waaronder een koopman handel drijft, heeft ten gevolge, dat iedere koopman verplicht is zich in het Handelsregister te doen inschrijven. Wat vennooten buitendien moeten aangeven, vindt men in het Ontwerp betreffende de Vennootschappen."

„Wat Vennooten moeten aangeven" en dus niet de

---

[1]) Ontwerpen van wetten op de Vennootschappen en andere met Toelichtingen pag 68.

alleen handelende koopman. De vennooten moeten onder meer en (vgl. art. 4, 2°. Ontwerp Vennootschappen) behalve hunne firma ook de plaats, waar het kantoor, of indien er meer dan een kantoor is, het hoofdkantoor gevestigd is, aangeven en die verplichte aangifte van het kantoor missen wij hier tot ons leedwezen in het ontwerp betreffende de firma. In het ontwerp betreffende de Vennootschappen evenals in dat van een wetsvoorstel betreffende de vrachtvervoeders en expediteurs (art. 3) vinden wij overal verplichte aangifte van het kantoor of eene praesumptie, waar dat kantoor geacht wordt gevestigd te zijn (vgl. artt. 4, 26, 51, 124 en 136 Ontw. Vennootschappen): bepalingen die kennelijk in verband staan met art. 2 Ontwerp Faillissement en Surséance van Betaling, waarvan het practisch nut ons later bij de behandeling van dat ontwerp zal blijken en waarop wij dus niet wenschen vooruit te loopen. Het is intusschen te betreuren, dat deze lacune niet opgemerkt is

Gaan wij vervolgens over tot de beschouwing van

het ontwerp van een wetsvoorstel betreffende de verschillende soorten van vennootschappen.

Wat de aangifte tot oprichting van een vennootschap onder eene firma betreft, art. 23 W. v. K. vermeldt, dat de akte in de daartoe bestemde registers ter griffie van de arrondissementsrechtbank in de plaats of plaatsen van vestiging of bij ontstentenis van dien ter griffie van den kantonrechter moet ingeschreven worden. Komt het den vennooten onder eene firma wenschelijk voor, zoo kunnen zij volstaan met inschrijving van een uittreksel, mits, zooals wij hierboven reeds zeiden, dat uittreksel in authentieken vorm verleden of door alle vennooten onderteekend zij. Dat uittreksel moet volgens art. 28 W. v. K. bekend gemaakt worden zoowel in het officieele dagblad als in een der nieuwspapieren der plaats of plaatsen, alwaar de vennootschap gevestigd is en bij gebreke van zoodanig nieuwspapier in dat eener naburige plaats. Wordt de vennootschap onder eene firma hetzij voor den tijd, bij de akte van oprichting bepaald, hetzij door afstand of opzegging ontbonden, wordt zij na verloop van het bepaalde tijdstip verlengd of worden er veranderingen van welken aard ook in de oorspronkelijke overeenkomst, veranderingen welke derden aangaan, gemaakt, inschrijving en bekendmaking in de nieuwspapieren wordt op de hierboven ontwikkelde wijze vereischt. [1])

Gaan wij nu na welke veranderingen in onze wet zouden komen na de verheffing tot wet van het ontwerp. Volgens artikel 3 van het ontwerp zijn de vennooten verplicht van de oprichting der vennootschap aangifte ter inschrijving in het handelsregister te doen, zoowel in het register, waaronder het hoofdkantoor behoort als in dat, binnen welks kring een bijkantoor gevestigd is. Wat die aangifte behelzen moet, leert art. 4 van het ontwerp, wat zij behelzen kan, vermeldt het volgende artikel. Wij zien dus dat ook hier verschil bestaat tusschen het jus constitutum en het jus constituendum. Ginds openbaarmaking van de akte in haar geheel of van een uittreksel, waarvan de inhoud in art. 26 W. v. K. vermeld wordt, hier eene grootere vrijheid aan de vennooten gegeven

---

[1]) Art. 31 W. v. K. artt. 87, 129 Allg. D. Hgsb.

en een verschil gemaakt tusschen het heilige moeten en mogen, doch onder dat eerste de aangifte van de plaats, waar het kantoor of indien meer dan een kantoor is, het hoofdkantoor gevestigd is — eene bepaling vreemd aan onze tegenwoordige wet, doch welke voor derden van groot belang is, en wel in verband met art. 4, 4° Wb. v. B. Rv., dat ten aanzien van vennootschappen van koophandel haar gemeenschappelijk kantoor aanwijst als de plaats, waar dagvaardingen en alle andere exploiten zullen gedaan moeten worden.

Wij zagen reeds op welke wijze het bestaande recht voor de publiciteit van hetgeen de vennooten voor derden belangrijk bepaald hebben, zorgt en kunnen dus in dit opzicht met eene verwijzing volstaan en eveneens kunnen wij ons vergenoegen met eene verwijzing naar hetgeen wij vroeger naar aanleiding van de instelling van het handelsregister gezegd hebben ten aanzien der publiciteit, die volgens de nieuwe ontwerpen vereischt zou worden, terwijl ook reeds gewezen is op de omstandigheid, dat de ontwerpen eene grootere openbaarmaking, door inschrijving zoowel in het register onder welks ressort het hoofdkantoor als het bijkantoor gevestigd is, met zich zouden brengen dan de bestaande wet.

Wat de vereffening eener ontbonden vennootschap onder eene firma betreft het volgende. Ons W. v. K. bepaalt, dat in dit geval de vennooten, die het recht van beheer hebben gehad, de zaken der gewezen vennootschap moeten vereffenen in naam van dezelfde firma, tenzij bij de overeenkomst anders bepaald ware of de gezamenlijke vennooten (die bij wijze van geldschieting niet daaronder begrepen) hoofdelijk en bij meerderheid van stemmen een anderen vereffenaar hadden benoemd. Eerst indien de stemmen staken beschikt de arrondissements rechtbank van de plaats der vestiging zoodanig, als zij in het belang der ontbonden vennootschap het meest geraden acht. Het ontwerp bepaalt, dat de vennooten, die bevoegd waren voor de vennootschap te handelen, met de vereffening belast zijn, tenzij de overeenkomst anders bepaald heeft of bij meerderheid van stemmen door de gezamelijke vennooten een of meer andere vereffenaars benoemd zijn — en tot zoo verre is er niet het minste verschil tusschen de tegenwoordige regeling en die der toekomst — doch daarnaast vermeldt het ontwerp in art 17 een drietal gevallen [1]), waarin de vereffenaars door de rechtbank van het arrondissement, waar het hoofdkantoor gevestigd is, in zoodanigen getale benoemd worden als de rechtbank zal vermeenen te behooren, hetzij op verzoek van een of meer der vennooten, hetzij van andere belanghebbenden, nadat in elk geval alle vennooten gehoord of na behoorlijke oproeping niet verschenen zijn.

Wordt de vennootschap — en hier hebben wij niet alleen die onder eene firma op het oog doch ook alle andere soorten — in rechten gedagvaard, dan zal dit aan het gemeenschappelijk kantoor en voor het geval er geen is, aan de persoon of de woonplaats van een der besturende vennooten moeten geschieden en na de ontbinding aan de persoon of de woonplaats van een der vereffenaars. Door de opname van het

---

[1]) In geval van onbekwaamheid of ontstentenis van alle vennooten die bevoegd waren voor de vennootschap te handelen;

in geval dit tusschen de vennooten is overeengekomen, hetzij in het algemeen, hetzij in bijzondere gevallen;

in geval de vennootschap bij vonnis is ontbonden verklaard.

kantoor onder hetgeen bekend gemaakt wordt, is de rechtbank onder welker ressort dit gelegen is, meer op den voorgrond getreden, hetgeen echter niet geldt ten aanzien van den alleen handelenden koopman, die, wij zagen het reeds vroeger, niet aan de bekendmaking van zijn kantoor gebonden is.

Over de vennootschappen en commandite kunnen wij kort zijn en volstaan met eene verwijzing naar hetgeen boven over de vennootschappen onder eene firma gezegd werd. De tweede afdeeling van het Ontwerp betreffende de Vennootschappen, waarin de commanditaire behandeld worden, bevat behalve art. 26, dat ons juist naar de Vennootschappen onder firma verwijst, niets voor ons doel van belang.

Houden wij ons aan het aangegeven plan de campagne dan volgen nu de naamlooze vennootschappen als onderwerp van onze beschouwingen.

Waar moeten de bekendmakingen tot oprichting geschieden, wat moet bekend gemaakt worden, in welk opzicht is de bepaling van het kantoor der naamlooze vennootschap van belang voor hare inwendige inrichting en werking en wat is ten opzichte van het kantoor van buitenlandsche naamlooze vennootschappen bepaald: zie hier een aantal vragen, met welker oplossing wij ons nu onledig zullen houden.

Allereerst de openbaarheid. Art. 38 al. 2 W. v. K. verplicht den vennooten de akte in haar geheel mitsgaders de koninklijke bewilliging (vgl. art. 36 al. 2 W. v. K.) te doen inschrijven in de daartoe bestemde openbare registers, ter griffie van de arrondissements rechtbank van de plaats of plaatsen van vestiging en dezelve openbaar te maken door middel van het officieel dagblad, terwijl al. 3 van ditzelfde artikel aankondiging van het bestaan der naamlooze vennootschap voorschrijft in de nieuwspapieren in het slot van art. 28 W. v. K. vermeld. Hetzelfde geldt voor veranderingen in de voorwaarden of verlenging der vennootschap. Het ontwerp beveelt in overeenstemming met het bestaande recht openbaarmaking van een authentiek afschrift der geheele akte door middel van het Handelsregister van hoofd- en bijkantoren, waarvan de werking boven nader door ons is ontvouwd, terwijl de koninklijke bewilliging geheel over boord gezet is. De Memorie van Toelichting op dit Ontwerp [1]) toch zegt terecht, dat òf, waar een geheel discretionaire macht om de oprichting der naamlooze vennootschappen toe te staan of te verbieden, aan de Regeering is verleend — het stelsel der Code de Commerce art. 37 [2]) — deze met een onderzoek belast wordt, waarvan zij zich meestal niet naar behooren kan kwijten en dat bovendien kan leiden tot willekeur en monopolie — òf, waar, zooals in ons tegenwoordig wetboek, slechts een formeel onderzoek aan de Regeering is opgedragen, de waarborg, dien men in de wet meent te vinden, geheel denkbeeldig en de koninklijke goedkeuring eene ijdele vertooning is.

Gaan wij vervolgens na, wat bekend gemaakt moet worden, dan ontdekken wij eenige verschilpunten tusschen de bestaande wetgeving en de regelen, die eenmaal deze rechtsmaterie zullen beheerschen. Art. 49 van het ontwerp luidt: »De akte van oprichting

---

[1]) Vgl. pag. 84 vlg. Ontw. v. wetten op Venn. en andere.
[2]) Cf. art. 47 loi du 24 Juillet 1867.

vermeldt: *a* het voorwerp van de onderneming der vennootschap; *b* haren naam; *c* haar kapitaal en de hoegrootheid der aandeelen; *d* het bedrag, waarvoor door ieder der oprichters wordt deelgenomen; *e* de namen der bestuurders, zoo die bij de oprichting worden benoemd of anders de namen der leden van het voorloopig bestuur; *f* de nieuwsbladen, waarin de openbare aankondigingen zullen geschieden."

Bovendien bepaalt art. 51 al. 2 van het Ontwerp, dat de vennootschap, waarvan de zetel (het kantoor) niet bij de akte is bepaald, dien geacht wordt te hebben ter plaatse, waar de akte verleden is. Wij missen hier dus eene uitdrukkelijke opgave van hoofd- en bijkantoren, wat ons in verband met art. 4, 4° Rv. te betreuren schijnt. Dit art. bepaalt, zooals wij reeds zagen, dat ten aanzien van vennootschappen van koophandel, dagvaardingen en alle andere exploiten gedaan zullen worden aan haar gemeenschappelijk kantoor en waar men bij de samenstelling van dit ontwerp in zoo hooge mate derden tegemoet gekomen is met uitbreiding van alles, wat voor hen van belang is te weten, schijnt ons verplichte opname van het kantoor in de akte van oprichting verkieslijker. Wij zien bovendien geen reden voor het verschil, dat bij vennootschappen onder eene firma en de commanditaire wèl, bij de overige uitdrukkelijke bekendmaking van de plaats van het kantoor daarentegen niet voorgescheven is.

Wat de bekendmakingen onder de vigeerende wet betreft, wij zagen, dat de koninklijke bewilliging ter algemeene kennis gebracht moet worden en voor het overige verschilt zij van het ontwerp in zooverre, dat de nieuwsbladen, waarin de bekendmakingen gepubliceerd moeten worden, jure constituendo uitdrukkelijk in de akte zijn aan te wijzen.

Wat de volgende vraag betreft, in hoeverre de bepaling van het kantoor van belang is voor de werking en inrichting der naamlooze vennootschappen, wij zien uit het ontwerp, dat in elk hoofdkantoor 1°. aanwezig moet zijn en gedurende de kantooruren voor ieder ter inzage moet liggen een register in den vorm bij algemeenen maatregel van bestuur te bepalen, waarin alle houders van op naam staande aandeelen, het nominale bedrag hunner aandeelen en de daarop gestorte som worden opgenomen;

dat 2°. een gedrukte lijst van hen, die op den laatsten December van ieder jaar als houders van nog niet volgestorte aandeelen, in dit register geboekt staan, met opgave van het op elk te storten bedrag, voor den eersten April van het volgende jaar, door het bestuur aan alle houders van aandeelen op naam, wier woonplaats aan het bestuur bekend is, toegezonden en aan elk kantoor der vennootschap voor een ieder ter inzage gelegd wordt;

dat 3°. een afschrift der jaarlijksche balans en winst- en verliesrekening ten kantore der vennootschap voor het publiek ter inzage gelegd wordt;

dat 4°. de rechtbank van het arrondissement, binnen welker gebied de naamlooze vennootschap haren zetel heeft, machtiging tot het bijeenroepen eener algemeene vergadering kan verleenen aan houders van aandeelen, die haar wenschelijk achten, mits zij ten minste één tiende van het vennootschappelijk kapitaal, waarvoor deelgenomen is, of voor een zooveel geringer bedrag als bij de akte bepaald zal zijn, vertegenwoordigen; en

dat 5°. het bestuur de balans, ingericht volgens de

bepalingen van art. 69 van het ontwerp op de Vennootschappen, ten minste tien dagen voor den dag der algemeene vergadering, aan wier goedkeuring zij wordt onderworpen, voor de aandeelhouders ten kantore der vennootschap ter inzage ligt.

Ten aanzien der openbaarheid van het sub. 1°. en 2°. genoemde bepaald ons Wetboek van Koophandel niets en wat punt 3 betreft, uit art. 55 W. v. K. blijkt wel de verplichting van het bestuur eenmaal 's jaars aan de vennooten opgave te doen van de winsten en verliezen door de vennootschap in het afgeloopen jaar gehad of geleden, niet echter de verplichting ook derden in kennis te stellen met den stand van zaken. Uit het sub 4°. vermelde zien wij, dat zelfs tegen den zin van het bestunr eene algemeene vergadering kan bijeengeroepen worden, geheel in tegenoverstelling van het jus constitutum, waaronder ja, wel sprake is van eene algemeene vergadering (zie art. 55 al 2 W. v. K.) doch waarvan het houden voor het bestuur niet gebiedend is voorgeschreven. Dat ten slotte onder het vigeerende recht geen sprake kan zijn van de bepaling van het sub 5°.

genoemde, de boven vermelde omstandigheid, dat het bestuur niet gedwongen kan worden tot het bijeenroepen eener algemeene vergadering toont dit duidelijk aan.

Ons rest ten slotte na te gaan, wat ten opzichte van den zetel van buitenlandsche naamlooze vennootschappen is bepaald, zoowel in het tegenwoordige wetboek als onder vigueur van het ontwerp. Over het tegenwoordige recht kunnen wij in dit opzicht al zeer kort zijn: daar hoegenaamd geen letter aan deze materie, laat staan aan het kantoor gewijd is. Gunstig steekt daartegen af het ontwerp, dat in de artt. 115—118 eenige bepalingen aan dit onderwerp ten beste geeft. Allereerst verleent art. 115 aan de in het buitenland, overeenkomstig de aldaar geldende wetten opgerichte naamlooze vennootschap de persona standi in judicio, terwijl het daarop volgende artikel eene in het buitenland opgerichte naamlooze vennootschap, welke haar hoofdkantoor in Nederland heeft, aan alle bepalingen der Nederlandsche wet onderwerpt en voor de toepassing dier wet de plaats, waar het hoofdkantoor gevestigd is, als haar zetel beschouwt. Heeft daarentegen de buitenlandsche naamlooze vennootschap haar hoofdkantoor ginds en slechts een bijkantoor of agentschap in Nederland, dan is zij verplicht de akte in Nederland op de wijze, in het ontwerp bepaald, openbaar te maken. Daarenboven zal deze naaml. vennootschap een afschrift van hare jaarlijksche balans en winst en verliesrekening, binnen 14 dagen na de goedkeuring daarvan, aan de Nederlandsche Staatscourant ter openbaarmaking toezenden en binnen denzelfden termijn een afschrift aan het bijkantoor of agentschap voor het publiek ter inzage nederleggen, terwijl de bestuurders van het bijkantoor of de agenten aan art. 82 van het ontwerp onderworpen zijn.

Ten slotte bepaalt de 3$^{0}$. en laatste alinea van art. 117 van het ontwerp, dat de bestuurders van het bijkantoor of de agenten tegenover derden aansprakelijk zijn in de gevallen, waarin die aansprakelijkheid voor hier te lande opgerichte naamlooze vennootschappen ten aanzien der bestuurders is vastgesteld en op dezelfde wijze.

Zoo even vermeldden wij het feit, dat der buitenlandsche naamlooze vennootschap, opgericht volgens de in het buitenland geldende wetten, hier te lande de persona standi in judicio verleend is en dat dus ten aanzien van de buitenlandsche naamlooze vennootschap met bijkantoor in Nederland overeenkom- art. 4, 4°. Rsv. aan dat bijkantoor dagvaardingen en alle andere exploiten kunnen worden gedaan. Wat nu door het ontwerp wettelijk geregeld en vastgesteld is, werd intusschen reeds geruimen tijd door de jurisprudentie ten onzent gehuldigd: vgl. nl. het arrest van den Hoogen Raad van 19 October 1860 W. n°. 2227, waarbij het beroep in Cassatie verworpen werd tegen het arrest van het Provinciaal Hof van Zuid-Holland van 19 Maart 1860, dat het vonnis der Arrondissements Rechtbank te 's Gravenhage van 16 Dec. 1859 bevestigde: beide laatste in W. n°. 2167. Gemeenschappelijk kantoor in den zin van art. 4, 4°. Rsv. — aldus luidt dit arrest — is elk kantoor, waar de zaken, die het voorwerp der maatschappij (in casu een levensverzekeringmaatschappij) uitmaken, voor hare en dus gemeenschappelijke rekening gedreven worden. Waar dus feitelijk beslist is, dat de vreemde maatschappij een door haren agent vertegenwoordigde directie en een kantoor in Nederland heeft, dat met die directie aldaar gehandeld is en de polis aldaar voor de maatschappij is geteekend, zoo volgt daaruit dat beteekening terecht aan genoemd kantoor geschied is.

Onze polders zijn berucht om hunne lange, rechte wegen. Kaarsrecht liggen zij soms uren en uren ver voor U uit: een wanhoop voor hem, die er zich langs voortbeweegt en telkens en telkens een blik achter zich werpt ten einde zich toch te vergewissen, dat al zijn loopen hem althans iets vorderen doet. Zulk een weg moge practisch zijn en den wandelaar eerder brengen tot het einddoel: op het oogenblik zelf verlangt hij naar afwisseling en een zucht van verademing ontsnapt hem bij de geringste kronkeling, bij de kleinste bocht. Zoo ook mij. De te bewandelen weg werd in den aanvang van dit schrijven streng afgebakend, lijnrecht zou alles afloopen tot het einde toe, doch een verlangen naar zijwegen — moge het geen dwaalwegen worden — bevangt mij! Herhaalde malen werd door ons melding gemaakt van hoofdkantoren en bijkantoren. Naar ons bekend is, maakt de tegenwoordige wet deze onderscheiding niet en de verschilpunten tusschen deze beide zullen dus wel alleen in de ontwerpen zelve te vinden zijn. De opsporing nu daarvan, zij ons zijweg.

Behalve van hoofdkantoor en bijkantoor spreken de ontwerpen bovendien van den zetel eener vennootschap. Deze afwisseling in terminologie doet evenwel niets ter zake, wat ten duidelijkste blijkt uit de Memorie van Toelichting op het ontwerp betreffende de verschillende soorten van Vennootschappen. In hare annotatie op de artt. 116 en 117 zegt de Staatscommissie het volgende: „Wanneer men ook dit beginsel (dat nl. de in het buitenland wettig bestaande naamlooze vennootschap in Nederland als zoodanig behoort te worden erkend) in het algemeen goedkeurt, dan zal men toch tevens de noodzakelijkheid inzien, om, indien de buitenlandsche vennootschappen hier handelend optreden, de Nederlandsche wet op haar toepasselijk te verklaren en wel, zoo de Maatschappij, in het buitenland opgericht, haren *zetel of hoofd-*

*kantoor* in Nederland heeft, in het geheel.... enz". [1])

Wat dus voor het hoofdkantoor gezegd is geldt voor den zetel en omgekeerd.

Alvorens met het uitwerken van dit plan verder te gaan kunnen wij met een enkel woord vermelden, wat onder een kantoor te begrijpen is. Hieronder, zegt de Memorie van Toelichting op het ontwerp eener wet op het Faillissement en de Surséance van Betaling [2]) — hieronder nu hebben wij te verstaan, de localiteit, waar men geregeld voor zijne zaken te vinden en te spreken is; naar omstandigheden kan dit dus ook een winkel of pakhuis zijn: winkeliers bijv. houden in den regel hun kantoor, in den hier aangegeven zin, in den winkel.

Gaan wij nu het ontwerp na ten einde de verschilpunten tusschen hoofd- en bijkantoren te vermelden, dan stuiten wij allereerst op art. 17, dat de gevallen aangeeft, waarin bij ontbinding der vennootschap vereffenaars door de Rechtbank worden benoemd. Die benoeming nu, zoo bepaalt dit art. in zijne laatste

---

[1]) Pag. 118. Ontwerp v. wetten op Vennootschappen en andere.
[2]) Pag. 76. ad art. 2. Ontw. Faill. en Surséance.

alinea, geschiedt door de Rechtbank van het Arrondissement waar het kantoor, of in geval er meer dan een kantoor is, het hoofdkantoor der vennootschap gevestigd is, waaruit ons dus blijkt, dat nooit de Rechtbank onder welker ressort een bijkantoor gevestigd is, bevoegd kan zijn tot het aanstellen van liquidateurs.

Een tweede verschilpunt komt uit in art. 63 Ontwerp Vennootschappen. Wij zagen reeds dat door het bestuur een register moet worden gehouden. waarin alle houders van op naam staande aandeelen, het nominale bedrag hunner aandeelen en de daarop gestorte som worden opgenomen. Dat register, waarin tevens elke eigendomsoverdracht van aandeelen vermeld wordt — en tevens verwijzen wij hier naar art. 145 van het ontwerp, waar sprake is van een soortgelijk register bij de coöperatieve vereenigingen — ligt aan het *hoofd*kantoor der vennootschap gedurende de kantooruren voor ieder ter visie. Eveneens ligt alleen aan het *hoofd*kantoor en niet aan de bijkantoren voor de aandeelhouders de balans ter inzage en wel ten minste 10 dagen vóor den dag der algemeene vergadering, waaraan zij ter goedkeuring wordt onderworpen, terwijl voor het verleenen van de machtiging tot het houden eener algemeene vergadering — wanneer bestuur en commissarissen in gebreke blijven ondanks de behoorlijke aanvrage om deze te beleggen — de rechtbank van het arrondissement binnen welker gebied de naamlooze vennootschap haren zetel (hoofdkantoor) heeft, als de bevoegde wordt genoemd (vgl. artt. 91 al. 2 en 80 al. 4 Ontwerp). Ook kan volgens art. 100 Ontw. slechts de arrondissements rechtbank, binnen welker gebied de naamlooze vennootschap haren zetel heeft, een of meer personen benoemen tot het instellen van een onderzoek naar het beleid en den gang van zaken der vennootschap, hetzij in haren geheelen omvang, hetzij met betrekking tot een deel daarvan of tot een bepaald tijdvak, mits namelijk daartoe een schriftelijk en met redenen omkleed verzoek bij haar wordt ingediend door houders van aandeelen, die ten minste één tiende van het vennootschappelijk kapitaal, waarvoor deelgenomen is, of een zooveel geringer bedrag, als bij de akte bepaald zal zijn, vertegenwoordigen, terwijl dezelfde rechtbank aangewezen is om het bestuur eener coöperatieve vereeniging, dat zijne medewerking weigert tot roijeering van leden, die dit verlangen, te nopen hiertoe over te gaan Ten slotte verwijzen wij als laatste verschilpunt op art. 114 Ontwerp, hetwelk bepaalt, dat gedurende dertig jaren na afloop der vereffening de boeken en papieren der ontbonden vennootschap blijven berusten onder de daartoe door de algemeene vergadering of, zoo deze van de bevoegdheid geen gebruik gemaakt heeft, door de rechtbank van het arrondissement, waar de vennootschap haren zetel heeft gehad, benoemden persoon.

In slechts één geval wordt van de boven ontwikkelde verschilpunten afgeweken en wel in het geval dat een buitenlandsche naamlooze vennootschap hier door een bijkantoor of agentschap vertegenwoordigd wordt. In dat geval berust op de bestuurders van bijkantoren dezelfde verplichting als op de bestuurders van hoofdkantoren en wel — voor zooverre ons voor ons onderwerp van belang is — zal 1° een afschrift van de jaarlijksche balans en winst- en verliesrekening ten kantore der vennootschap — wat hier dus een bijkantoor is — voor het publiek ter inzage worden gelegd en zal 2° op de bestuurders van het bijkantoor of op de agenten toepasselijk zijn de bepaling van art. 82 Ontwerp, dat nl. alle besluiten, houdende benoeming, schorsing of ontslag van bestuurders binnen acht dagen, nadat zij zijn genomen openbaar gemaakt moeten worden door middel van de nieuwsbladen, waarvan de akte van oprichting (cf. art. 49 van het Ontwerp) spreekt en aangegeven ter inschrijving in het handelsregister en dat bovendien ieder bestuurder, alvorens handelend op te treden, verplicht is zijne handteekening openbaar te maken, welke publicatie op tweeërlei wijze kan geschieden, hetzij door teekening ten overstaan van den ambtenaar met het houden van het handelsregister belast, op eene daarvan door dezen op te maken akte, hetzij door overlegging eener in originali uitgegeven notarieele akte waarin de teekening is gesteld.

Begeven wij ons nu wederom in de vooraf aangerichting en beschouwen wij de Onderlinge waarborgmaatschappij van naderbij.

De rechtsverhoudingen, waartoe deze inrichtingen aanleiding geven, zijn bijkans geheel door de tegenwoordige wet ongeregeld gelaten: ze zijn (cf. art. 286 W. v. K.) aan de »beginselen van het recht" bij onvolledigheid harer overeenkomsten en reglementen overgelaten en behooren derhalve volgens Mr. Kist tot de meest twijfelachtige betrekkingen in ons recht. »Het blijkt dus ook hier," zoo eindigt genoemde rechtsgeleerde zijne verhandeling over dit onderwerp, »hoezeer onze wetgeving te wenschen overlaat. Wettelijke regeling ware wenschelijk en noodzakelijk."

Zeventien jaren nadat boven aangehaalde woorden het licht gezien hadden, kreeg Mr. Kist als lid der Staatscommissie door het mede samenstellen der ontwerpen gelegenheid, het tot stand brengen dier wenschelijke regeling mede te helpen bevorderen. Het ontwerp erkent de onderlinge waarborgmaatschappij als rechtspersoon: de aansprakelijkheid der maatschappij voor hare verbintenissen jegens de leden staat daardoor vast, terwijl de leden jegens haar volgens art. 129 van het Ontwerp slechts verplicht zijn tot nakoming van verbintenisssen der maatschappij, voor zooverre zij zich jegens haar verbonden hebben en van de andere leden niet geeischt kan worden, hetgeen een lid in gebreke blijft te betalen. Men achtte het nl. onbillijk, dat de aansprakelijkheid van het eene lid verhoogd zou worden door de insolventie van het andere, daar de toetreding van nieuwe leden plaats heeft zonder de medewerking der reeds toegetredene leden en de nieuwe leden zelve ook niet altijd de credietwaardigheid der overigen zullen kunnen beoordeelen [1]).

Onder het vigeerende recht is het rechtskarakter der onderlinge waarborgmaatschappij twijfelachtig.

Zij toch is noch maatschap of vennootschap — want deze ontstaat eerst »zoo dikwijls als twee of meer personen zich vereenigen om iets in gemeenschap te brengen, ten einde de daardoor te maken winsten te deelen [2])" en met het oog op winst wordt zij niet aangegaan, »omdat uit het in gemeenschap brengen van gevaren voor de vereeniging geen winst

---

[1]) Cf M. v. T. Ontw. v. wetten op Vennootschappen e. a. pag. 124.

[2]) Cf. Prof. Mr. T. M. C Asser Schets v. h. Nederl. Handelsrecht, pag. 37.

kan voortvloeien [1])" — noch is zij een zedelijk lichaam. Een zedelijk lichaam, een rechtspersoon immers is »een wil buiten den mensch strevende naar een bepaald doel, een doel dat gefingeerd wordt een persoon te zijn, een wil, die niet is de wil van een of meer menschen. Zoodanige wil bestaat hier niet. Hier bestaan alleen de onderscheidene willen van de personen, die zich onderling verzekerd en misschien iets in gemeenschap gebracht hebben, dat echter hun gezamenlijk eigendom gebleven is. Het doel dat zij zich daarmede voorstellen is zuiver persoonlijk. Zij willen, dat hunne medecontractanten hunne eventueele schade zullen dragen en zijn daarentegen bereid mede te dragen in de schade, die aan hunne medecontractanten mocht overkomen [2])." Ook kan de onderlinge waarborgmaatschappij geen handeling voor gemeene rekening zijn, daar hiervoor bij partijen den animus lucri moet bestaan, die vreemd is aan de onderlinge verzeke-

---

[1]) Cf. Rutgers van der Loeff. Het assurantie contract en het verzekerbaar belang, inzonderheid volg. het Ned. recht. Acad. Proefschr. 1864 Leiden pag. 10.

[2]) Mr. J. G. Kist. Beginselen v. Handelsrecht IV pag. 285.

ring. Hoogstwenschelijk is het dus, dat het Ontwerp aan deze bestaande onzekerheid een eind maakt en aan de onderlinge waarborgmaatschappij een zelfstandig karakter gegeven wordt. Dan zal zich ieder lid jegens haar tot de storting van het door hem verschuldigde bedrag verbinden en zal hij van de maatschappij nakoming van hare verplichting i. e. uitkeering van het bedongene, kunnen vorderen.

Wat nu de onderlinge waarborgmaatschappij aangaat, zooals zij in de 4e afdeeling van het Ontwerp betreffende de vennootschappen geregeld wordt, de volgende bepalingen zijn voor ons van belang. Art. 124 bepaalt zich tot eene verwijzing naar artt. 51—53 van het Ontwerp. Haar kantoor, zoo dit niet bij de akte vermeld is, wordt alzoo geacht te zijn ter plaatse waar de akte verleden is. Ook hier dus vinden wij hetzelfde als bij de naamlooze vennootschappen: het ontbreken van de opgave van het kantoor der Maatschappij brengt geene nietigheid mede.

Art. 128 verplicht het bestuur aan het hoofdkantoor een register te houden, waarin alle leden, met opgave van de door elk hunner aangegane geldelijke verplichtingen en van den duur van het lidmaatschap, zoo die althans vastgesteld is, worden vermeld. Dat register ligt gedurende de kantooruren voor een ieder ter inzage, terwijl buitendien vóór den 1en April van elk jaar eene volledige lijst van hen, die op den laatsten dag van het vorige jaar leden waren eveneens met opgave van de door ieder hunner aangegane verplichtingen van geldelijken aard aan *elk* kantoor der maatschappij ter inzage gelegd wordt, ten einde elke belangstellende gelegenheid te geven tot een onderzoek naar het crediet, dat zonder risico aan de maatschappij verstrekt kan worden.

Gelijk wij dat bij de naamlooze vennootschappen gezien hebben, moet ook hier de balans ten minste tien dagen voor den dag der verplichte jaarlijksche algemeene vergadering, waaraan zij ter goedkeuring wordt onderworpen, ten kantore der maatschappij voor de aandeelhouders ter inzage liggen, moet ook hier inschrijving in het Handelsregister zoo binnen welks kring de zetel der maatschappij als in welks gebied een bijkantoor gevestigd is, bij oprichting, bij wisseling van bestuurders of commissarissen en van het besluit tot ontbinding plaats hebben. Eveneens zijn de bepalingen betreffende de onderlinge waarborgmaatschappijen, zoowel van die, welke in het buitenland opgericht is met hoofdkantoor in Nederland, als van degene, welke haar hoofdkantoor in het buitenland doch slechts een bijkantoor hier te lande heeft, geheel analoog aan de overeenkomende bepalingen betreffende de naamlooze vennootschappen, behoudens eene geringe uitzondering betreffende de laatstgenoemde maatschappijen. Wij bedoelen nl. de verwijzing naar art. 117 al. 2 van ditzelfde Ontwerp, luidende: »De bepalingen van de artt. 54 en 70 zijn op deze Vennootschappen, de bepaling van art. 82 is op de bestuurders van het bijkantoor of de agenten toepasselijk." Dit lid toch heeft betrekking op voorschriften, die ook voor de in Nederland opgerichte onderlinge waarborgmaatschappijen ten deele niet gelden, voorschriften bovendien, die voor ons echter op het oogenblik van geen belang zijn.

Na de beschouwing der onderlinge waarborgmaatschappijen zijn wij tot de Coöperatieve vereenigingen genaderd.

Tot op heden zijn deze geregeld bij de wet van 17 November 1876 (Stbl. n°. 227), later op een enkel punt gewijzigd door de wet van 7 Mei 1878 (Stbl. n°. 41) Die regeling heeft men grootendeels in het ontwerp kunnen behouden. Zoo vinden wij eene uitbreiding aan de bekendmaking van de akte van oprichting gegeven door de verplichting, haar ter griffie van het kantongerecht, in welks gebied het kantoor gevestigd is, te doen inschrijven, zoo werden reeds eenige voorschriften, analoog aan die, welken nu in het Handelsregister geregeld worden, in deze wet opgenomen (zie art. 5 der wet). Ook de bepalingen, wat de akte van oprichting moet bevatten (art 6), de verplichting van het bestuur om ten minste eenmaal per jaar eene, en onder zekere omstandigheden nog eene algemeene vergadering te moeten beleggen (art. 10) en andere bepalingen, waarvan die van art. 17 wel de belangrijkste is, dat nl. bij niet voldoening aan hare verbintenissen coöperatieve vereenigingen, onverschillig of zij al dan niet eene handelsonderneming ten doel hebben, in staat van faillissement worden verklaard — vinden wij bestendigd in het ontwerp.

De verschilpunten tusschen het geldend recht en het jus constituendum zullen dus gering in getal zijn. Bovendien werkt nog eene andere omstandigheid kortheid in behandeling van dit onderdeel in de hand: veel toch wat voor de naamlooze vennootschappen geldt en reeds vermeld is, is ook van toepassing op de Coöperatieve vereenigingen, want, ofschoon men het nuttig geacht heeft, den naam van Coöperatieve *Vereenigingen*, die eenmaal hier te lande burgerrecht heeft verkregen, onveranderd te houden, is toch niet over het hoofd gezien, dat het hier in den aard der zaak vennootschappen geldt. Art. 135 van het ontwerp — dat ons de definitie der Coöperatieve Vereeniging geeft — noemt haar dan ook eene vennootschap [1]).

Evenals bij de naamlooze vennootschappen wordt het hoofdkantoor of de zetel volgens het ontwerp art. 136 j° 51 al 2 geacht daar te zijn, waar de akte van oprichting verleden is, terwijl deze ingeschreven wordt in de handelsregisters van hoofd- en bijkantoren.

---

[1]) Cf. Ontwerpen v. wetten op de Vennootsch. e. a. pag. 126.

Volgens art. 5 der wet van 17 Nov. 1876 moet de akte in haar geheel worden ingeschreven ter griffie van het kantongerecht in welks gebied de vereeniging is gevestigd in de daartoe bestemde openbare registers, zoodat publicatie aan het kantongerecht, binnen welks gebied het hoofdkantoor gevestigd is, blijkbaar voldoende is. Voor de wijzigingen in de akte of verlenging gelden dezelfde formaliteiten.

Het register vermeld in art. 11 der wet van 1876 vinden wij behoudens redactieverschil terug in art. 145 van het ontwerp, behalve dat het voorschrift van kantteekening en waarmerking door den kantonrechter in het ontwerp is weggelaten, als volgens de Staatscommissie onnoodig en weinig afdoende. Dit register ligt bij beide regelingen voor ieder gedurende de kantooruren aan het hoofdkantoor ter inzage. Weigert het bestuur zijne medewerking, waar deze tot opzegging van het lidmaatschap noodig is, zoowel de wet van 1876 in art. 14 als het ontwerp in art. 148 voorziet op dezelfde wijze in dit geval: eene verklaring van den belanghebbende ter griffie van het kantongerecht, in welks gebied het hoofdkantoor der vereeniging gevestigd is, vereenigd met het zenden van een afschrift van het procesverbaal dezer verklaring door den kantonrechter bij aangeteekenden brief aan het bestuur en aanhechting daarvan door het bestuur aan het register bedoeld in art. 11 der wet v. 1876, resp. art. 145 ontwerp (zie boven) treedt daarvoor in de plaats.

Gelijk wij bij de naamlooze vennootschappen gezien hebben is de rechtbank van het hoofdkantoor de aangewezene, waarbij een verzoek om eene algemeene vergadering door de leden, bij weigering tot medewerking van commissarissen, ingediend moet worden; ligt de balans van de rekening en verantwoording ten minste tien dagen ten kantore der vennootschap ter visie voor de belanghebbenden en moet het besluit tot ontbinding der coöperatieve vereeniging in het handelsregister van hoofd- en bijkantoren ingeschreven worden, een aantal bepalingen die wij in de wet van 1876 niet aantreffen. Eveneens verwijst het ontwerp ten aanzien der buitenlandsche coöperatieve vereenigingen, al dragen die ook eene andere benaming, naar de naamlooze vennootschappen, terwijl de wet van 1876 hierover het zwijgen bewaart.

Van het ontwerp van een wetsvoorstel betreffende de vrachtvervoeders en expediteurs is voor ons doel slechts één artikel, en wel artikel 3, van belang. Het betreft den inhoud van den vrachtbrief, van de overeenkomst tusschen den afzender of den expediteur en den voerman of schipper. Bij vergelijking van art. 90 W. v. K. met art. 3 j° art. 2 al 1 van het bovenvermelde ontwerp komen wij tot de ontdekking, dat de bepalingen over den inhoud van den vrachtbrief behoudens enkele wijzigingen, die zich voor het meerendeel tot verandering van redactie bepalen, dezelfde zijn gebleven. Intusschen is één verschilpunt voor ons van belang en wel de verplichte opgave in den vrachtbrief van de plaats van het kantoor zoowel van den afzender als van dengene, aan wien het goed moet worden afgeleverd, naast de vermelding hunner woonplaats [1]: eene uitbreiding geheel in over-

---

[1]) Anders het Allg. Deutsches Hgsb. art. 392.
Der Frachtbrief enthält
2°. den Namen und Wohnort des Frachtführers (ons ontwerp „de aanwijzing van den vrachtvervoerder")
3°. den Namen des Absenders.
4°. den Namen dessen, an welchen das Gut abgeliefert werden soll.

eenstemming met eene gelijke toevoeging in art. 2 van het wetsontwerp op het Faillissement en de Surséance van Betaling en in art. 14 van het wetsontwerp op het Handelspapier.

Treden wij nu in eene beschouwing van het ontwerp, dat zoo even door ons genoemd werd nl. dat op het Handelspapier.

Van dit ontwerp zal slechts artikel 14 het onderwerp onzer beschouwingen zijn. Bedoeld artikel bepaalt, dat de aanbieding van den wissel tot acceptatie of betaling, het protest benevens alle andere handelingen tegenover een persoon, wiens naam op den wissel voorkomt, indien deze ter plaatse, waar die handelingen verricht moeten worden een kantoor heeft, aan dat kantoor zullen moeten geschieden, is aldaar niemand aanwezig of heeft de bedoelde persoon geen kantoor, dan heeft men zich tot zijne woonplaats te wenden. Geldt het eene vennootschap, vereeniging of stichting men richte zich allereerst tot het kantoor daarvan en in de beide opgenoemde gevallen tot de woning van eenen der bestuurders of beheerende vennooten en bij gebreke van woning te dier plaatse of zoo daar niemand gevonden wordt, zoowel in geval men te doen heeft met een persoon als met een vennootschap enz., tot het postkantoor. Voorop wordt dus ten aanzien van alle wisselrechtelijke handelingen het kantoor gesteld, daarna komt de woonplaats. Geheel hiermede in overeenstemming bepaalt dan ook bijv. art. 71 van het ontwerp, dat bij regres wegens non-betaling het bedrag der vergoeding, zoo de wisselschuldenaar op eene andere plaats woont dan de schuldeischer, berekend moet worden tegen den koers van eenen wissel op zicht getrokken uit de plaats der betaling op de woonplaats van de wisselschuldenaar en niet op de plaats, waar 's mans kantoor gevestigd is, wanneer woonplaats en kantoor in verschillende gemeenten liggen. Men moge verplicht zijn zich eerst tot het kantoor te wenden van den wisselschuldenaar, de woonplaats — waarheen men zich toch te vervoegen heeft bij ontstentenis van kantoor of zoo men aldaar geen gehoor krijgt — de woonplaats van dezen zal o. i. de plaats zijn, waarnaar de koers van den wissel berekend moet worden.

Eigenaardig is hier de afwijking van het in art. 1 Wetb. v. Burg. Rechtsv. algemeen gehuldigde beginsel, waarop ook de Staatscommissie in hare Memorie van Toelichting [1]) speciaal de aandacht vestigt. Elke rechtsingang vangt, volgens het laatstgenoemde artikel, aan met eene dagvaarding door eenen deurwaarder, die tot het exploiteeren in de plaats bevoegd is; hij is verplicht afschrift van het exploit te laten aan den persoon of aan de woonplaats van den gedaagde. Ons ontwerp nu verlangt aanbieding van het protest enz. aan het kantoor of aan de woonplaats van den wisselschuldenaar en sluit dus uitdrukkelijk protest aan den persoon — buiten woonplaats of kantoor — uit. Bij speciaal beding zijn partijen natuurlijk bevoegd hiervan aftewijken, op welke omstandigheid het Allg. Deutsche Wechselordnung o. i. vrij overtollig wijst. »An einem anderen Orte, z. B. an der Börse, kann dies (Präsentation zur Annahme, Protesterhebung u. s. w.) nur mit beiderseitigen Einverständnisse geschehen. [2])

---

[1]) Zie pag. 35 Ontwerp Handelspapier.

[2]) A. D. W. O. Art. 91.

Gaan wij vervolgens na, wat het Wetb. van Koophandel ten opzichte van de plaats, waar protest gedaan, betaling enz. gevraagd moet worden, bepaalt. De artt. 176 en 180 W. v. K. verspreiden hierover het ons benoodigde licht. Zoowel de acceptatie van wisselbrieven als de betaling moet gevraagd worden aan den betrokkene te zijner woonplaatse, terwijl aldaar ook het protest gedaan moet worden. Van kantoor geen sprake, slechts de woonplaats van den handelsman wordt hier vermeld. Vandaar dan ook dat de Amsterdamsche Rechtbank den 16 Maart 1840 besliste, dat onder woonplaats niet kan worden gerekend een niet ter woning geschikte loods, dienende alleen tot berging van goederen [1]). Naar onze opvatting zou, wordt het ontwerp eenmaal tot wet verheven, eene dergelijke beslissing niet meer kunnen voorkomen, waar het wisselrechtelijke handelingen gold, daar de Staatscommissie onder kantoor in het algemeen elke localiteit verstaat, waar men geregeld voor zijne zaken te vinden en te spreken is en ter

[1]) Zie Rechtsgel. Bijbl. 1843 d. V pag. 768, 769.

verklaring van dat begrip localiteit uitdrukkelijk de winkel en het pakhuis — bergplaats van goederen — noemt.

Ten opzichte der acceptaties, assignaties en chèques kunnen wij met eene verwijzing naar den wissel volstaan.

De vergelijking van eenige bepalingen van het derde Boek van het W. v. K. met sommige van het ontwerp eener wet op het Faillissement en de Surséance van Betaling houde ons vervolgens eenigen tijd bezig.

Het Faillissement is het middel ter handhaving van de rechten der schuldeischers op de baten van een boedel, wanneer hun schuldenaar ophoudt te betalen, het is „een processueele toestand van een boedel onder geregtelijke medewerking, in het belang van schuldeischers daargesteld, strekkende om ten hunnen behoeve dien boedel te gelde te maken en te verdeelen [1]."

Zooals art. 764 W. v. K. initio te kennen geeft, wordt elke koopman, die ophoudt te betalen bij rechtelijk vonnis verklaard te zijn in staat van faillissement.

---

[1]) Holtius Faillietenrecht Inl. pag. 3.

Onder het tegenwoordig recht wordt dus alleen de koopman — met de enkele uitzondering der wet van 17 November 1876 Stbl. n°. 227 art. 17, waarop vroeger door ons gewezen werd — aan het failliet-recht onderworpen. Hij is vlg. art. 765 W. v. K. verplicht om binnen drie dagen, nadat hij zijne betalingen gestaakt heeft, daarvan aangifte te doen ter griffie van zijne woonplaats ten tijde van het ophouden der betaling [1]) of waar het vennootschappen van koophandel geldt, waar faillissement van de vennootschap het faillissement der vennooten medebrengt [2]), aan die, binnen welker gebied het gemeenschappelijk kantoor gevestigd is. Behalve dit artikel erkent ook nog art. 794 W. v. K. de mogelijkheid, dat handelsvennootschappen kunnen failleeren en schrijft, mocht verzegeling bevolen worden, deze voor zoowel in het hoofdkantoor als in de woning van elken hoofdelijk voor het geheel verbonden vennoot. De last tot ver-

---

[1]) Cf. Arr. Hof Amsterdam 1 Nov. 1883 W. n°. 4993.

[2]) Cf. Kist t. a. p. III pag. 287. Hiermee in overeenstemming Arr. Rb. v. Amsterdam 26 Juni 1850 W. n°. 1137, Hof v. H 20 Maart 1851 W. n°. 1243. Vgl. ook art. 15 Ontw. v. wetten op de Vennootschappen e. a.

zegeling of tot toepassing van andere gepaste middelen, om voor de bewaring des boedels te zorgen, wordt gegeven bij het vonnis van failliet verklaring zelf. Evenwel niet alleen op eigen aangifte wordt de koopman in staat van faillissement verklaard, ook op de vordering van een of meerdere schuldeischers kan deze toestand intreden en wel door indiening van een verzoekschrift aan de Arrondissements-rechtbank onder welker gebied de schuldenaar woont of de vennootschap haar kantoor heeft. Ten slotte is in sommige gevallen het Openbaar Ministerie bevoegd te vorderen dat de schuldenaar, die zijne betalingen staakt, in staat van faillissement worde verklaard, welke vordering eveneens bij dezelfde rechtbank moet worden ingesteld. Intusschen niet alleen de koopman en de vennootschap kan failliet verklaard worden ook vlg. art. 767 W. v. K. de boedel van een koopman, die na de ophouding der betaling is overleden, mits het verzoek daartoe uiterlijk binnen den tijd van drie maanden na het overlijden van den schuldenaar gedaan zij. De rechten en verbintenissen toch der schuldeischers kunnen niet gewijzigd worden door den dood des schuldenaars. Deze was bij zijn leven koopman en dientengevolge waren zijne schulden handelsschulden en het spreekt van zelve, dat zijne schuldeischers door zijn overlijden niet in andere positie gebracht kunnen worden en hunne rechten, uit handelsschulden spruitende, behouden.

Een enkel woord nog met het oog op het hierna te behandelen ontwerp ten aanzien van de aangifte van het Faillissement. De mogelijkheid bestaat dat afzonderlijke kooplieden of vennootschappen meer dan één kantoor hebben. De aangifte zal dan o. i. waar het afzonderlijke kooplieden betreft, ter hunner woonplaats; waar het vennootschappen geldt, daar waar de akte van vestiging ingeschreven is (art. 23 W. v. K.) moeten geschieden. Lastiger intusschen wordt het geval, wanneer het domicilie van den koopman buitenslands gelegen is. Het schijnt mij niet mogelijk in dit geval de staat van faillissement uit te spreken: een beroep op het feit, dat hij zijn woonplaats buitenslands heeft, zal steeds een onoverkomelijke hinderpaal voor de faillietverklaring zijn.

Wat de publiciteit aangaat aan het vonnis van failliet verklaring te geven, art. 793 W. v. K. geeft daartoe het volgende voorschrift. Op den Curator rust binnen vijf dagen na zijne benoeming de verplichting een uittreksel van het vonnis, dat o. a. den naam, de woonplaats en het beroep van den gefailleerde behelst, bekend te maken in een der dagbladen van de gemeente, alwaar de rechtbank gevestigd is en bij gebreke daarvan in een dagblad der provincie door den Rechter-Commissaris aan te wijzen. Bovendien moet hij, de curator, binnen drie dagen na zijne benoeming voorschreven uittreksel doen aanplakken 1°. aan het huis der gemeente van de woonplaats van den gefailleerde of bij vennootschappen van koophandel van de plaats, waar het gemeenschappelijk kantoor gevestigd is en 2°. aan het gebouw, waar de rechtbank vergadert, mitsgaders aan de beurs, zoo deze bestaat.

Na de vermelding ten slotte, dat dezelfde rechtbank, die de faillietverklaring heeft uitgesproken, bevoegd is tot inwilliging van het verzoek tot rehabilitatie, kunnen wij het jus constitutum in deze vaarwel zeggen.

Is verklaring van te zijn in staat van faillissement alleen mogelijk ten opzichte van kooplieden, ook voor den niet-handelsman zijn regelen getroffen, voor het geval, dat zijne middelen zich niet in dien bloeienden staat bevinden als zijne schuldeischers wel wenschelijk zouden achten. Welke die regelen zijn, in hoeverre er overeenkomst bestaat en verschilpunten zijn aan te wijzen met den analogen toestand des insolventen koopmans, doet minder hier ter zake, voldoende zij het te vermelden, dat de vordering tot verklaring van te zijn in staat van kennelijk onvermogen moet gedaan worden bij verzoekschrift aan de arrondissements-rechtbank van de woonplaats des schuldenaars.

Bij een eersten blik in het Ontwerp eener wet op het Faillissement en de Surséance van Betaling valt ons reeds dadelijk een belangrijk verschilpunt in het oog met de bestaande regeling. Faillietverklaring geschiedt wel is waar evenals vroeger bij rechterlijk vonnis hetzij op eigen aangifte, hetzij op requisitoir van het Openbaar Ministerie, doch volgens het Ontwerp kan *elke* schuldenaar — hetzij hij koopman is, hetzij hij zich niet met commercieele aangelegenheden inlaat — die ophoudt te betalen [1]), in staat van faillissement verklaard worden. In dit opzicht staat het Ontwerp dus principieel tegenover het geldende recht en als onmiddelijk gevolg hiervan vervalt dan ook de zevende titel van het IIIe boek Burg. Rechtsv. „Van den staat van kennelijk onvermogen". De verschilpunten toch, die er bestaan tusschen faillissement en kennelijk onvermogen zijn van zulk eene ondergeschikte beteekenis, dat het inderdaad hoegenaamd geen nut heeft deze onderscheiding te bestendigen, terwijl bovendien al zeer bezwaarlijk een logische grond er voor is aan te geven, waarom voor den onvermogenden handelsman andere regelen zouden gelden dan voor den niet-koopman. Ook verscheidene buitenlandsche wetgevingen hebben dit systeem gehuldigd: zoo heeft noch de Duitsche Konkursordnung van 10 Febr. 1877 noch de Engelsche Bankruptcy Act van 1884

---

[1]) Voldoende is „ophouden te betalen", hetzij dit uit onwil of onvermogen voortspruit. Anders Konkursordnung art 94, waar Zahlungsunfähigkeit verlangd wordt.

en evenmin de Deensche wet eenig onderscheid gehandhaafd in de bepalingen, die in dusdanig geval de verschillende schuldenaars beheerschen.

Art. 2 van het Ontwerp brengt bovendien eenen zeer grooten ommekeer in het faillietrecht teweeg. Tot op heden is slechts de rechtbank van de woonplaats des schuldenaars bevoegd den staat van faillissement uit te spreken, gelijk wij boven zagen: volgens het Ontwerp wordt die bevoegdheid tot meerdere rechtbanken uitgebreid. Allereerst geschiedt de faillietverklaring door de Arrondissements-rechtbank van de woonplaats des schuldenaars, doch voor het geval dat deze een beroep of bedrijf uitoefent, is daarnaast de Arrondissements-rechtbank, binnen welker gebied hij zijn kantoor, of bij het bestaan van meer dan één kantoor, zijn hoofdkantoor heeft, mede bevoegd. Mocht nu ten gevolge dezer bepaling op denzelfden dag door twee hiertoe competente rechtbanken faillietverklaring uitgesproken worden, zoo zal alleen die, uitgesproken door de rechtbank van het kantoor (hoofdkantoor) van kracht zijn. De volgende alinea van dit artikel tracht in eenige lacunes in het W.

v. K. te voorzien, die langzamerhand in de praktijk aan het licht gekomen zijn. Voor het geval nl. dat de schuldenaar zich met achterlating van schulden buiten het Rijk in Europa begeven heeft, is de Arrondissements-rechtbank zijner laatste woonplaats bevoegd; zoo hij buitenslands woonplaats heeft, doch binnen het Rijk in Europa verblijf of kantoor houdt, is de Arrondissements-rechtbank binnen welker gebied hij verblijf houdt of het kantoor gevestigd is, de bevoegde. Ten slotte bepaalt de laatste aliena van art. 2 van het Ontwerp, dat ten aanzien van naamlooze vennootschappen, onderlinge waarborgmaatschappijen, coöperatieve vereenigingen en andere rechtspersoonlijkheid bezittende vereenigingen de plaats, waar zij hun zetel hebben als woonplaats ter toepassing van dit artikel geldt.

Het nut dezer nieuwe regeling springt in het oog. Duidelijk is dit vooral daar, waar de koopman in eene andere gemeente en daardoor onder het ressort van eene andere rechtbank zijn domicilie dan zijn kantoor heeft, een feit, dat zich vooral te Amsterdam voordoet. Velen toch, voor wien het middelpunt hunner zaken in de zoo even genoemde gemeente ligt, vestigen zich met der woon in de omliggende plaatsen als Haarlem (Arr. Haarlem) of Baarn (Arr. Utrecht). Mocht het geval zich nu voordoen dat een zoodanig Amsterdamsch koopman, te Haarlem of te Baarn woonplaats hebbend, in verval van zaken geraakt, zoodat zijn faillissements-aanvrage vereischt wordt, dan zal de tegenwoordige regeling veel noodeloozen omslag met zich brengen, daarentegen de wijziging van het Ontwerp groot gemak opleveren. Daar toch, waar de handelsman zijn kantoor heeft, heeft hij zijne handelsverbintenissen, daar heeft hij zijne bedienden, die tot het geven van inlichtingen en onderricht bij het opmaken der balans volgens de wet (805 W. v. K.) verplicht zijn, daar kan men de beste inlichtingen verkrijgen over de feiten, die tot het verval van zaken aanleiding hebben gegeven, daar eindelijk zijn de restanten van het vermogen, hetwelk als wettelijk onderpand zijner schuldeischers niet meer aan hunne beschikking mag worden onttrokken.

Niet in alle nieuwere wetgevingen intusschen is

overeenstemming ten opzichte van de rechtbank, die bevoegd is kennis te nemen van het verzoek tot faillietverklaring

Zoo bepaalt het Italiaansche handelswetboek, dat slechts de rechtbank, onder welker jurisdictie het hoofdkantoor gevestigd is, de bevoegde is, terwijl in overeenstemming gedeeltelijk met ons Ontwerp de Duitsche Konkursordnung in art. 64 bepaalt: »Für das Konkursverfahren ist das Ambtsgericht ausschlieszlich zuständig, bei welchem der Gemeinschuldner seinen allgemeinen Gerichtsstand hat." Bij voorkomende conflicten echter, wanneer meer dan een rechtbank bevoegd is, bepaalt de Konkursordnung in al. 2 van hetzelfde artikel, dat reeds het *verzoek* tot faillietverklaring uitsluiting van alle andere mede bevoegde colleges ten gevolge heeft.

Wat het volgende artikel 3 van het Ontwerp betreft, dit bepaalt waar de gehuwde vrouw, die zelfstandig een beroep of bedrijf uitoefent of een eigen vermogen bezit, failliet verklaard moet worden, eene quaestie waarover het W. v. K. het stilzwijgen bewaart, waardoor meer dan eens moeilijkheden ontstaan zijn.

De gehuwde vrouw heeft volgens art. 78 B. W.

haar domicilie bij haren man. Moet zij, openbare koopvrouw zijnde, nu in staat van faillissement verklaard worden en heeft haar echtgenoot zijne woonplaats buitenslands, zoo zal men tevergeefs naar eene bevoegde rechtbank uitzien. Ter voorziening in deze lacune der bestaande wet stelt het Ontwerp nu vast, dat de rechtbank onder welker ressort zij haar handel of bedrijf uitoefent, bevoegd is tot faillietverklaring.

Heeft men eenmaal van den rechter een vonnis van faillietverklaring gekregen, zoo zal dit evenals onder het nu vigeerend recht ter openbare kennisse gebracht moeten worden. Op welke wijze dit geschiedt leert ons art. 14 van het Ontwerp. Een uittreksel van het vonnis namelijk, houdende vermelding van den naam, de woonplaats of het kantoor en het beroep van den schuldenaar, wijders van den naam van den Rechter-Commissaris, van den naam en de woonplaats of het kantoor des Curators [1]), van den dag der uitspraak alsmede van den naam, beroep en woonplaats of kan-

[1]) Bij ontslag van den curator en vervanging dientengevolge door een ander is noch in het W. v. K. noch in het ontwerp publicatie hiervan voorgeschreven.

toor van ieder lid der commissie uit de schuldeischers (cf. art. 13 al. 2), zoo deze nl. benoemd is, wordt door den Griffier onverwijld in de Nederlandsche Staatscourant geplaatst benevens in een of meer door den Rechter-Commissaris aan te wijzen nieuwsbladen. Wij zien dus dat de publicatie in het ontwerp aan den Griffier, volgens het W. v. K. daarentegen aan den Curator is opgedragen, terwijl de aanplakkingen aan het huis der gemeente, het gebouw, waar de rechtbank vergadert en de beurs, zoo er een is, afgeschaft zijn als ondoelmatig en dus overbodig. Openbaarmaking in de Staatscourant is voorgeschreven, opdat er een bepaald dagblad zij, waarvan men vooruit weet, dat men elk faillissement in het geheele land zal kunnen vinden [1]).

Ook volgens het Ontwerp (art. 206) kan de boedel eens overleden koopmans failliet verklaard worden. Is dat volgens het Wetboek van Koophandel alleen mogelijk, wanneer gezegde koopman, nadat hij zijne betalingen gestaakt heeft, overleden is en moet dien-

---

[1]) Vgl. Ontwerp Faillissement en Surséance van Betaling pag. 89.

tengevolge de staking der betaling door de verzoekers bewezen worden, het Ontwerp noemt bovendien het geval, dat de nalatenschap niet toereikend is ter betaling der schulden van den overledene. Het verzoek wordt volgens het daarop volgend artikel gericht tot de Rechtbank, welke tijdens het overlijden van den schuldenaar bevoegd was de faillietverklaring uit te spreken, terwijl de erfgenamen op dat verzoek gehoord of daartoe opgeroepen worden bij een exploit aan het sterfhuis te beteekenen, zonder dat het noodig is hen bij name aan te duiden, alsmede, voor zooverre zij bekend zijn, bij brieven door den griffier. Deze regeling is dus geheel dezelfde gebleven — uitgenomen de oproeping bij brieven door den griffier — als die, welke in art. 767 W. v. K. neergelegd is. Op dezelfde wijze wordt dit punt in de Konkursordnung art. 202 vlg. behandeld, alleen echter wordt daar ook den erfgenamen toegestaan het faillissement aan te vragen, iets waarmede onze Staatscommissie zich niet kon vereenigen, daar hunne belangen reeds voldoende beschermd worden door het recht van beraad en het voorrecht van boedelbeschrijving.

Ons rest ten slotte nog een enkel woord te zeggen over de Surséance van Betaling. Gelijk het faillisement ook tot den niet-koopman uitgebreid wordt, zoo zal ook de niet handelsman dit voorrecht mogen genieten. De »buitengewone omstandigheden van oorlog", de »andere onvoorziene rampen", vereischt vlg. art. 900 W. v. K. voor de surséance van betaling, worden door het Ontwerp geschrapt en alleen behouden het vereischte, dat de schuldenaar buiten staat is, zijne schulden te betalen benevens, dat er gegrond vooruitzicht bestaat, dat hij na verloop van tijd aan al zijne verplichtingen zal kunnen voldoen. Het verzoekschrift daartoe zal door den schuldenaar zelven en zijnen procureur onderteekend, ingediend worden bij de Arrondissements-rechtbank, die art. 2 van het Ontwerp op het Faillissement en de Surséane van betaling (zie boven) aanwijst. De griffier — het verzoekschrift met bijbehoorende stukken wordt ter griffie van de rechtbank neergelegd ter inzage van een ieder — doet van de indiening onmiddelijk aankondiging in de Nederlandsche Staatscourant en in een of meer van de voornaamste plaatselijke dagbladen. Na de oproeping en nadat de schuldeischers, in persoon of bij gemachtigde opgekomen, door de rechtbank gehoord zijn, kan voorloopige surséance onder zekere voorwaarden [1]) verleend worden. Bij afwijzing van het verzoek verklaart de rechtbank den schuldenaar bij dezelfde beschikking in staat van faillissement, terwijl bij inwilliging later de definitieve Surséance verleend wordt.

Volgens het Wetboek van Koophandel wordt de Surséance alleen door den Hoogen Raad verleend, doch — zooals bekend is — is de schuldenaar verplicht zich bij een request, door hem en eenen praktizijn onderteekend, alvorens het verzoek bij den Hoogen Raad in te dienen, te wenden tot de Arrondissementsrechtbank, onder welker gebied hij woonachtig of het gemeenschappelijk kantoor gevestigd is, ten einde te geraken tot de voorloopige voorzieningen, geregeld in art. 903 vlg. W. v. K. Deze rechtbank dan verleent de voorloopige surséance.

Ons doel is bereikt. Gaven wij soms eene enkele

---

[1]) Zie Ontw. Faill. en S. v. B. Art 221.

opmerking, die naar eene beoordeeling zweemde, zij worde met toegevendheid ontvangen! Als onze overtuiging kunnen wij neerschrijven, dat der Staatscommissie dank betuigd behoorde te worden, nu zij meer invloed toegekend heeft aan de plaats, waar de handelsman zijne dagelijksche bezigheden verricht, waar zijne hoedanigheid, het zijn van koopman, in de allereerste plaats uitkomt en dat die ingenomenheid voornamelijk haar grooten steun vindt in de opname van art. 2 van het ontwerp eener wet op het Faillissement en de Surséance van Betaling.

# NASCHRIFT.

Terwijl ons proefschrift reeds ter perse was, werden wij met groote welwillendheid, waarvoor onze erkentelijkheid betuigd wordt, gewezen op een arrest van het Hooggerechtshof te Batavia, dat een goed deel der Nederlandsche en Nederlandsch-Indische handelswereld in opschudding bracht. We hebben hier het oog op een vonnis van den Raad van Justitie te Batavia, waarbij deze zich incompetent verklaarde den staat van faillissement uit te spreken over de Oost-Indische Maatschappij van Administratie en Lijfrente, een vonnis dat den 7en Juli 1870 door het Hooggerechtshof bekrachtigd werd. (Zie Javabode van 14 Juli 1870 N°. 163) Wat was het geval? Volgens hare Statuten (art. 1) was deze Maatschappij *gevestigd* te Amsterdam en had aldaar zoowel als Batavia kantoren en een agentschap te Rotterdam en niettegenstaande de Proc. Gen. bij gemeld Hof als vertegenwoordigende den Lande in zijn rekest dd. 28 Juni 1870 uitdrukkelijk op de omstandigheid wees, dat meergemelde Mij, kantoor houdende te Batavia, proprio nomine, nu eens als eischende dan weder als gedaagde partij was opgetreden, zonder zich op de omstandigheid te beroepen, dat zij slechts een agentschap, een onderdeel, eene gemachtigde van eene te Amsterdam gevestigde Maatschappij zou zijn, bevestigde het Hof toch het vonnis van den R. v. J., steunende op de overweging dat volg. art. 765 W. v. K. (Nederlandsch) het faillissement eener vennootschap aangevraagd moet worden ter griffie van de Arr. Rechtbank, binnen welker gebied het gemeenschappelijk kantoor gevestigd is. We kunnen geen acht slaan op het oogenblik op den strijd, die van deze beslissing het gevolg was — het zou ons te ver voeren. Doel van dit naschrift zij slechts te onderzoeken, of het Ontwerp op het Faill. en de S. v. B. een dergelijk geschil ontwijkt.

Het is toch de plicht van den wetgever zich te spiegelen aan wat geschied is, zijn dure plicht zooveel mogelijk geschillen te voorkomen, zooveel mogelijk chicanes te weren. En dan blijkt het o. i. dat naar de letter van de wet bij voorkoming van een dergelijk geval eene zelfde beslissing zou moeten genomen worden. Vlg. art. 2 van het Ontwerp toch geschiedt de failliet-verklaring eener naaml. vennootschap ter plaatse waar zij hun zetel hebben en bestaan er meerdere kantoren, zoo is slechts de rechtbank van het hoofdkantoor bevoegd (argumento al. 2. art. 2 Ontwerp).

Made in the USA
Monee, IL
04 November 2026

67388668R10049